P9-DIJ-709

兩隻老虎 歡樂歌謠

讓40首輕快、琅琅上口的兒歌陪孩子快樂長大！

風車圖書出版
WINDMILL

"目錄"

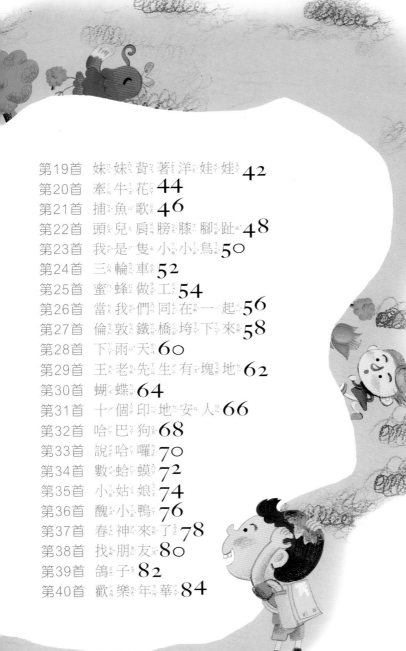

〔第1首〕
"娃娃國"
娃娃國娃娃兵...

"娃娃國"

娃娃國　娃娃兵
金髮藍眼睛
娃娃國王鬍鬚長
騎馬出王宮
娃娃兵在演習
提防敵人攻
機關槍噠噠噠
原子炮轟轟轟

〝大象〞

大ㄉㄚ象ㄒㄧㄤ　大ㄉㄚ象ㄒㄧㄤ

你ㄋㄧ的ㄉㄜ鼻ㄅㄧ子ㄗ

爲ㄨㄟ什ㄕㄣ麼ㄇㄜ那ㄋㄚ麼ㄇㄜ長ㄔㄤ

媽ㄇㄚ媽ㄇㄚ說ㄕㄨㄛ

鼻ㄅㄧ子ㄗ長ㄔㄤ才ㄘㄞ是ㄕ漂ㄆㄧㄠ亮ㄌㄧㄤ

"火車快飛"

火ㄏㄨㄛ 車ㄔㄜ 快ㄎㄨㄞ 飛ㄈㄟ

火ㄏㄨㄛ 車ㄔㄜ 快ㄎㄨㄞ 飛ㄈㄟ

穿ㄔㄨㄢ 過ㄍㄨㄛ 高ㄍㄠ 山ㄕㄢ

越ㄩㄝ 過ㄍㄨㄛ 小ㄒㄧㄠ 溪ㄒㄧ

不ㄅㄨ 知ㄓ 經ㄐㄧㄥ 過ㄍㄨㄛ 幾ㄐㄧ 百ㄅㄞ 里ㄌㄧ

快ㄎㄨㄞ 到ㄉㄠ 家ㄐㄧㄚ 裡ㄌㄧ

快ㄎㄨㄞ 到ㄉㄠ 家ㄐㄧㄚ 裡ㄌㄧ

媽ㄇㄚ 媽ㄇㄚ 看ㄎㄢ 見ㄐㄧㄢ 眞ㄓㄣ 歡ㄏㄨㄢ 喜ㄒㄧ

"郊遊"

走ㄗㄡˇ～ 走ㄗㄡˇ～

走ㄗㄡˇ走ㄗㄡˇ走ㄗㄡˇ

我ㄨㄛˇ們ㄇㄣ˙小ㄒㄧㄠˇ手ㄕㄡˇ拉ㄌㄚ小ㄒㄧㄠˇ手ㄕㄡˇ

走ㄗㄡˇ～ 走ㄗㄡˇ～

走ㄗㄡˇ走ㄗㄡˇ走ㄗㄡˇ

一ㄧˋ同ㄊㄨㄥˊ去ㄑㄩˋ郊ㄐㄧㄠ遊ㄧㄡˊ

〔第5首〕
"拔蘿蔔"

拔蘿蔔拔蘿蔔…

"拔蘿蔔"

拔ㄅㄚ 蘿ㄌㄨ 蔔ㄅㄛ　拔ㄅㄚ 蘿ㄌㄨ 蔔ㄅㄛ

嘿ㄏㄟ 喲ㄧㄠ 嘿ㄏㄟ 喲ㄧㄠ 拔ㄅㄚ 蘿ㄌㄨ 蔔ㄅㄛ

嘿ㄏㄟ 喲ㄧㄠ 嘿ㄏㄟ 喲ㄧㄠ 拔ㄅㄚ 不ㄅㄨ 動ㄉㄨㄥ

小ㄒㄧㄠ 朋ㄆㄥ 友ㄧㄡ　快ㄎㄨㄞ 快ㄎㄨㄞ 來ㄌㄞ

快ㄎㄨㄞ 來ㄌㄞ 幫ㄅㄤ 我ㄨㄛ 們ㄇㄣ 拔ㄅㄚ 蘿ㄌㄨ 蔔ㄅㄛ

15

〔第6首〕
"只要" 我長大
哥哥爸爸真偉大...

"只要我長大"

哥哥爸爸真偉大

名譽照我家

為國去打仗

當兵笑哈哈

走吧走吧 哥哥爸爸

家事不用你牽掛

只要我長大

只要我長大

17

"馬"

我ㄨㄛˇ家ㄐㄚ有ㄧㄡˇ隻ㄓ大ㄉㄚˋ駿ㄐㄩㄣˋ馬ㄇㄚˇ

長ㄔㄤˊ的ㄉㄜ˙尾ㄨㄟˇ巴ㄅㄚ 銀ㄧㄣˊ色ㄙㄜˋ毛ㄇㄠˊ

天ㄊㄧㄢ天ㄊㄧㄢ讓ㄖㄤˋ我ㄨㄛˇ

騎ㄑㄧˊ著ㄓㄜ˙去ㄑㄩˋ散ㄙㄢˋ步ㄅㄨˋ

巴ㄅㄚ叩ㄎㄡˋ囉ㄌㄨㄛ 巴ㄅㄚ叩ㄎㄡˋ囉ㄌㄨㄛ

真ㄓㄣ快ㄎㄨㄞˋ樂ㄌㄜˋ

"生日快樂"

祝ㄓㄨˋ 你ㄋㄧˇ 生ㄕㄥ 日ㄖˋ 快ㄎㄨㄞˋ 樂ㄌㄜˋ

祝ㄓㄨˋ 你ㄋㄧˇ 生ㄕㄥ 日ㄖˋ 快ㄎㄨㄞˋ 樂ㄌㄜˋ

祝ㄓㄨˋ 你ㄋㄧˇ 生ㄕㄥ 日ㄖˋ 快ㄎㄨㄞˋ 樂ㄌㄜˋ

祝ㄓㄨˋ 你ㄋㄧˇ 永ㄩㄥˇ 遠ㄩㄢˇ 快ㄎㄨㄞˋ 樂ㄌㄜˋ

21

〔第9首〕

"家"

我家門前有小河 …

"家"

我ㄨㄛˇ家ㄐㄧㄚ門ㄇㄣˊ前ㄑㄧㄢˊ有ㄧㄡˇ小ㄒㄧㄠˇ河ㄏㄜˊ

後ㄏㄡˋ面ㄇㄧㄢˋ有ㄧㄡˇ山ㄕㄢ坡ㄆㄛ

山ㄕㄢ坡ㄆㄛ上ㄕㄤˋ面ㄇㄧㄢˋ野ㄧㄝˇ花ㄏㄨㄚ多ㄉㄨㄛ

野ㄧㄝˇ花ㄏㄨㄚ紅ㄏㄨㄥˊ似ㄙˋ火ㄏㄨㄛˇ

小ㄒㄧㄠˇ河ㄏㄜˊ裡ㄌㄧˇ有ㄧㄡˇ白ㄅㄞˊ鵝ㄜˊ

鵝ㄜˊ兒ㄦ戲ㄒㄧˋ綠ㄌㄩˋ波ㄆㄛ

戲ㄒㄧˋ弄ㄋㄨㄥˋ綠ㄌㄩˋ波ㄆㄛ

鵝ㄜˊ兒ㄦ快ㄎㄨㄞˋ樂ㄌㄜˋ

昂ㄤˊ首ㄕㄡˇ唱ㄔㄤˋ清ㄑㄧㄥ歌ㄍㄜ

23

〔第10首〕
"兩隻老虎"
兩隻老虎兩隻老虎...

"兩隻老虎"

兩(ㄌㄧㄤˇ)隻(ㄓ)老(ㄌㄠˇ)虎(ㄏㄨˇ)

兩(ㄌㄧㄤˇ)隻(ㄓ)老(ㄌㄠˇ)虎(ㄏㄨˇ)

跑(ㄆㄠˇ)得(ㄉㄜˊ)快(ㄎㄨㄞˋ)

跑(ㄆㄠˇ)得(ㄉㄜˊ)快(ㄎㄨㄞˋ)

一(ㄧˋ)隻(ㄓ)沒(ㄇㄟˊ)有(ㄧㄡˇ)耳(ㄦˇ)朵(ㄉㄨㄛ)

一(ㄧˋ)隻(ㄓ)沒(ㄇㄟˊ)有(ㄧㄡˇ)尾(ㄨㄟˇ)巴(ㄅㄚ)

真(ㄓㄣ)奇(ㄑㄧˊ)怪(ㄍㄨㄞˋ)

真(ㄓㄣ)奇(ㄑㄧˊ)怪(ㄍㄨㄞˋ)

"造飛機"

造ㄗㄠˋ飛ㄈㄟ機ㄐㄧ　造ㄗㄠˋ飛ㄈㄟ機ㄐㄧ

來ㄌㄞˊ到ㄉㄠˋ青ㄑㄧㄥ草ㄘㄠˇ地ㄉㄧˋ

蹲ㄉㄨㄣ下ㄒㄧㄚˋ去ㄑㄩˋ　蹲ㄉㄨㄣ下ㄒㄧㄚˋ去ㄑㄩˋ

我ㄨㄛˇ做ㄗㄨㄛˋ推ㄊㄨㄟ進ㄐㄧㄣˋ器ㄑㄧˋ

蹲ㄉㄨㄣ下ㄒㄧㄚˋ去ㄑㄩˋ　蹲ㄉㄨㄣ下ㄒㄧㄚˋ去ㄑㄩˋ

你ㄋㄧˇ做ㄗㄨㄛˋ飛ㄈㄟ機ㄐㄧ翼ㄧˋ

彎ㄨㄢ著ㄓㄜ腰ㄧㄠ　彎ㄨㄢ著ㄓㄜ腰ㄧㄠ

飛ㄈㄟ機ㄐㄧ做ㄗㄨㄛˋ得ㄉㄜ˙起ㄑㄧˇ

飛ㄈㄟ上ㄕㄤˋ去ㄑㄩˋ　飛ㄈㄟ上ㄕㄤˋ去ㄑㄩˋ

飛ㄈㄟ到ㄉㄠˋ白ㄅㄞˊ雲ㄩㄣˊ裡ㄌㄧˇ

27

"小星星"

一ˊ閃ㄕㄢˇ一ˊ閃ㄕㄢˇ亮ㄌㄧㄤˋ晶ㄐㄧㄥ晶ㄐㄧㄥ

滿ㄇㄢˇ天ㄊㄧㄢ都ㄉㄡ是ㄕˋ小ㄒㄧㄠˇ星ㄒㄧㄥ星ㄒㄧㄥ

掛ㄍㄨㄚˋ在ㄗㄞˋ天ㄊㄧㄢ空ㄎㄨㄥ放ㄈㄤˋ光ㄍㄨㄤ明ㄇㄧㄥ

好ㄏㄠˇ像ㄒㄧㄤˋ許ㄒㄩˇ多ㄉㄨㄛ小ㄒㄧㄠˇ眼ㄧㄢˇ睛ㄐㄧㄥ

一ˊ閃ㄕㄢˇ一ˊ閃ㄕㄢˇ亮ㄌㄧㄤˋ晶ㄐㄧㄥ晶ㄐㄧㄥ

滿ㄇㄢˇ天ㄊㄧㄢ都ㄉㄡ是ㄕˋ小ㄒㄧㄠˇ星ㄒㄧㄥ星ㄒㄧㄥ

〔第13首〕
"一個拇指"動一動
一個拇指動一動...

"一個拇指動一動"

一ˊ個˙ㄍㄜ拇ㄇㄨˇ指ㄓˇ動ㄉㄨㄥˋ一ˊ動ㄉㄨㄥˋ

一ˊ個˙ㄍㄜ拇ㄇㄨˇ指ㄓˇ動ㄉㄨㄥˋ一ˊ動ㄉㄨㄥˋ

大ㄉㄚˋ家ㄐㄧㄚ唱ㄔㄤˋ歌ㄍㄜ大ㄉㄚˋ家ㄐㄧㄚ跳ㄊㄧㄠˋ舞ㄨˇ

眞ㄓㄣ快ㄎㄨㄞˋ樂ㄌㄜˋ

31

〔第14首〕

"顛倒歌"

倒唱歌兒順唱歌...

"顛倒歌"

倒唱歌兒　順唱歌
河裡石頭爬上坡
我打弟弟門前過
看見弟弟搖外婆
滿天月亮一顆星
千萬將軍一個兵
從來不說顛倒話
聾子聽了笑盈盈

〔第15首〕

"魚兒魚兒" 水中游

魚兒魚兒水中游...

"魚兒魚兒水中游"

魚ㄩ 兒ㄦ 魚ㄩ 兒ㄦ 水ㄕㄨㄟ 中ㄓㄨㄥ 游ㄧㄡ

游ㄧㄡ 來ㄌㄞ 游ㄧㄡ 去ㄑㄩ 樂ㄌㄜ 悠ㄧㄡ 悠ㄧㄡ

倦ㄐㄩㄢ 了ㄌㄜ 臥ㄨㄛ 水ㄕㄨㄟ 草ㄘㄠ

餓ㄜ 了ㄌㄜ 覓ㄇㄧ 小ㄒㄧㄠ 蟲ㄔㄨㄥ

樂ㄌㄜ 悠ㄧㄡ 悠ㄧㄡ 樂ㄌㄜ 悠ㄧㄡ 悠ㄧㄡ

水ㄕㄨㄟ 晶ㄐㄧㄥ 世ㄕ 界ㄐㄧㄝ 眞ㄓㄣ 自ㄗ 由ㄧㄡ

35

〔第16首〕
"不倒翁"

說你怪 你不怪...

"不倒翁"

說ㄕㄨㄛ 你ㄋㄧ 怪ㄍㄨㄞ 你ㄋㄧ 不ㄅㄨ 怪ㄍㄨㄞ

鬍ㄏㄨ 子ㄗ 一ㄧ 把ㄅㄚ

樣ㄧㄤ 子ㄗ 像ㄒㄧㄤ 小ㄒㄧㄠ 孩ㄏㄞ

說ㄕㄨㄛ 你ㄋㄧ 乖ㄍㄨㄞ 你ㄋㄧ 不ㄅㄨ 乖ㄍㄨㄞ

推ㄊㄨㄟ 你ㄋㄧ 倒ㄉㄠ 下ㄒㄧㄚ

你ㄋㄧ 又ㄧㄡ 站ㄓㄢ 起ㄑㄧ 來ㄌㄞ

〔第17首〕

"猜拳歌"

好朋友 …

"猜拳歌"

好ㄏㄠˇ朋ㄆㄥˊ友ㄧㄡˇ

我ㄨㄛˇ們ㄇㄣ˙行ㄒㄧㄥˊ個ㄍㄜ˙禮ㄌㄧˇ

握ㄨㄛˋ握ㄨㄛˋ手ㄕㄡˇ呀ㄚ

來ㄌㄞˊ猜ㄘㄞ拳ㄑㄩㄢˊ

石ㄕˊ碰ㄆㄥˋ布ㄅㄨˋ呀ㄚ

看ㄎㄢˋ誰ㄕㄟˊ贏ㄧㄥˊ

輸ㄕㄨ了ㄌㄜ˙就ㄐㄧㄡˋ要ㄧㄠˋ跟ㄍㄣ我ㄨㄛˇ走ㄗㄡˇ

〔第18首〕
"小毛驢"
我有一隻小毛驢...

"小毛驢"

我ㄨㄛˇ有ㄧㄡˇ一ㄧ隻ㄓ小ㄒㄧㄠˇ毛ㄇㄠˊ驢ㄌㄩˊ

我ㄨㄛˇ從ㄘㄨㄥˊ來ㄌㄞˊ也ㄧㄝˇ不ㄅㄨˋ騎ㄑㄧˊ

有ㄧㄡˇ一ㄧ天ㄊㄧㄢ我ㄨㄛˇ心ㄒㄧㄣ血ㄒㄧㄝˇ來ㄌㄞˊ潮ㄔㄠˊ

騎ㄑㄧˊ著ㄓㄜ˙去ㄑㄩˋ趕ㄍㄢˇ集ㄐㄧˊ

我ㄨㄛˇ手ㄕㄡˇ裡ㄌㄧˇ拿ㄋㄚˊ著ㄓㄜ˙小ㄒㄧㄠˇ皮ㄆㄧˊ鞭ㄅㄧㄢ

我ㄨㄛˇ心ㄒㄧㄣ裡ㄌㄧˇ正ㄓㄥˋ得ㄉㄜˊ意ㄧˋ

不ㄅㄨˋ知ㄓ怎ㄗㄣˇ麼ㄇㄜ˙嘩ㄏㄨㄚ啦ㄌㄚ啦ㄌㄚ啦ㄌㄚ啦ㄌㄚ

我ㄨㄛˇ摔ㄕㄨㄞ了ㄌㄜ˙一ㄧ身ㄕㄣ泥ㄋㄧˊ

〔第19首〕

"妹妹背著"
洋娃娃

妹妹背著洋娃娃...

"妹妹背著洋娃娃"

妹ㄇㄟˋ妹ㄇㄟ 背ㄅㄟ 著ㄓㄜ˙ 洋ㄧㄤˊ 娃ㄨㄚˊ 娃ㄨㄚˊ

走ㄗㄡˇ 到ㄉㄠˋ 花ㄏㄨㄚ 園ㄩㄢˊ 來ㄌㄞˊ 看ㄎㄢˋ 花ㄏㄨㄚ

娃ㄨㄚˊ 娃ㄨㄚˊ 哭ㄎㄨ 了ㄌㄜ˙ 叫ㄐㄧㄠˋ 媽ㄇㄚ 媽ㄇㄚ˙

樹ㄕㄨˋ 上ㄕㄤˋ 小ㄒㄧㄠˇ 鳥ㄋㄧㄠˇ 笑ㄒㄧㄠˋ 哈ㄏㄚ 哈ㄏㄚ

〔第20首〕
"牽牛花"

長長的竹籬下...

"牽牛花"

長長的竹籬下
生著一叢牽牛花
牽牛花真笑話
它不牽牛牽喇叭
好像一隊小樂隊
攜著喇叭在玩耍
可是喇叭並不大
吹不出滴滴答

45

〔第21首〕
"捕魚歌"
白浪滔滔我不怕...

白（ㄅㄞˊ）浪（ㄌㄤˋ）滔（ㄊㄠ）滔（ㄊㄠ）我（ㄨㄛˇ）不（ㄅㄨˊ）怕（ㄆㄚˋ）

掌（ㄓㄤˇ）起（ㄑㄧˇ）舵（ㄉㄨㄛˋ）兒（ㄦˊ）往（ㄨㄤˇ）前（ㄑㄧㄢˊ）划（ㄏㄨㄚˊ）

撒（ㄙㄚ）網（ㄨㄤˇ）下（ㄒㄧㄚˋ）水（ㄕㄨㄟˇ）到（ㄉㄠˋ）魚（ㄩˊ）家（ㄐㄧㄚ）

捕（ㄅㄨˇ）條（ㄊㄧㄠˊ）大（ㄉㄚˋ）魚（ㄩˊ）笑（ㄒㄧㄠˋ）哈（ㄏㄚ）哈（ㄏㄚ）

嗨（ㄏㄞ）喲（ㄧㄠ）咿（ㄧ）喲（ㄧㄠ）咿（ㄧ）喲（ㄧㄠ）嗯（ㄣ）嗨（ㄏㄞ）喲（ㄧㄠ）

嗨（ㄏㄞ）喲（ㄧㄠ）咿（ㄧ）喲（ㄧㄠ）咿（ㄧ）喲（ㄧㄠ）嗯（ㄣ）嗨（ㄏㄞ）喲（ㄧㄠ）

嗨（ㄏㄞ）喲（ㄧㄠ）咿（ㄧ）喲（ㄧㄠ）咿（ㄧ）喲（ㄧㄠ）嗯（ㄣ）嗨（ㄏㄞ）喲（ㄧㄠ）

嗨（ㄏㄞ）喲（ㄧㄠ）咿（ㄧ）喲（ㄧㄠ）咿（ㄧ）喲（ㄧㄠ）嗯（ㄣ）嗨（ㄏㄞ）喲（ㄧㄠ）

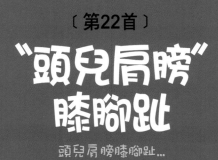

〔第22首〕

"頭兒肩膀" 膝腳趾

頭兒肩膀膝腳趾…

"頭兒肩膀膝腳趾"

頭_{ㄊㄡ}兒_ㄦ 肩_{ㄐㄧㄢ}膀_{ㄅㄤ}膝_{ㄒㄧ}腳_{ㄐㄧㄠ}趾_ㄓ

膝_{ㄒㄧ}腳_{ㄐㄧㄠ}趾_ㄓ 膝_{ㄒㄧ}腳_{ㄐㄧㄠ}趾_ㄓ

頭_{ㄊㄡ}兒_ㄦ 肩_{ㄐㄧㄢ}膀_{ㄅㄤ}膝_{ㄒㄧ}腳_{ㄐㄧㄠ}趾_ㄓ

眼_{ㄧㄢ}耳_ㄦ鼻_{ㄅㄧ}和_{ㄏㄢ}口_{ㄎㄡ}

〔第23首〕

"我是隻"
小小鳥

我是隻小小鳥...

"我是隻小小鳥"

我(ㄨㄛˇ)是(ㄕˋ)隻(ㄓ)小(ㄒㄧㄠˇ)小(ㄒㄧㄠˇ)鳥(ㄋㄧㄠˇ)

飛(ㄈㄟ)就(ㄐㄧㄡˋ)飛(ㄈㄟ) 叫(ㄐㄧㄠˋ)就(ㄐㄧㄡˋ)叫(ㄐㄧㄠˋ)

自(ㄗˋ)由(ㄧㄡˊ)逍(ㄒㄧㄠ)遙(ㄧㄠˊ)

我(ㄨㄛˇ)不(ㄅㄨˋ)知(ㄓ)有(ㄧㄡˇ)憂(ㄧㄡ)愁(ㄔㄡˊ)

我(ㄨㄛˇ)不(ㄅㄨˋ)知(ㄓ)有(ㄧㄡˇ)煩(ㄈㄢˊ)惱(ㄋㄠˇ)

只(ㄓˇ)是(ㄕˋ)常(ㄔㄤˊ)歡(ㄏㄨㄢ)笑(ㄒㄧㄠˋ)

〔第24首〕

"三輪車"

三輪車跑得快...

"三輪車"

三ㄙㄢ輪ㄌㄨㄣ車ㄔㄜ　跑ㄆㄠˇ得ㄉㄜ快ㄎㄨㄞˋ

上ㄕㄤˋ面ㄇㄧㄢ坐ㄗㄨㄛˋ個ㄍㄜˋ老ㄌㄠˇ太ㄊㄞˋ太ㄊㄞˋ

要ㄧㄠˋ五ㄨˇ毛ㄇㄠˊ　給ㄍㄟˇ一ㄧ塊ㄎㄨㄞˋ

你ㄋㄧˇ說ㄕㄨㄛ奇ㄑㄧˊ怪ㄍㄨㄞˋ不ㄅㄨˋ奇ㄑㄧˊ怪ㄍㄨㄞˋ

♫
53

〔第25首〕
"蜜蜂做工"

翁翁翁 翁翁翁...

"蜜蜂做工"

嗡嗡嗡 嗡嗡嗡

大家一起勤做工

來匆匆 去匆匆

做工興味濃

天暖花好不做工

將來哪裡好過冬

嗡嗡嗡 嗡嗡嗡

別學懶惰蟲

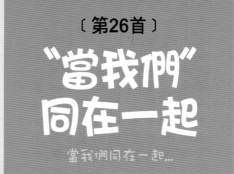

〔第26首〕

"當我們"
同在一起

當我們同在一起...

"當我們同在一起"

當我們同在一起
在一起　在一起
當我們同在一起
其快樂無比
你對著我笑嘻嘻
我對著你笑哈哈
當我們同在一起
其快樂無比

57

〔第27首〕

"倫敦鐵橋"
垮下來

倫敦鐵橋垮下來...

"倫敦鐵橋垮下來"

倫敦鐵橋

垮下來

垮下來　垮下來

倫敦鐵橋

垮下來

就要垮下來

"下雨天"

唏ㄒㄧ 哩ㄌㄧ 唏ㄒㄧ 哩ㄌㄧ

嘩ㄏㄨㄚ 啦ㄌㄚ 嘩ㄏㄨㄚ 啦ㄌㄚ

雨ㄩ 下ㄒㄧㄚ 來ㄌㄞ 了ㄌㄜ

我ㄨㄛ 的ㄌㄜ 媽ㄇㄚ 媽ㄇㄚ

帶ㄉㄞ 著ㄓㄜ 雨ㄩ 傘ㄙㄢ 來ㄌㄞ 接ㄐㄧㄝ 我ㄨㄛ

唏ㄒㄧ 哩ㄌㄧ 唏ㄒㄧ 哩ㄌㄧ

嘩ㄏㄨㄚ 啦ㄌㄚ 嘩ㄏㄨㄚ 啦ㄌㄚ 啦ㄌㄚ

啦ㄌㄚ 啦ㄌㄚ 啦ㄌㄚ

〔第29首〕

"王老先生"
有塊地

王老先生有塊地...

"王老先生有塊地"

王老先生有塊地
伊呀咿呀唷

他在田裡養小雞呀
伊呀咿呀唷

這邊嘰嘰嘰
那邊嘰嘰嘰

這裡嘰那裡嘰
到處都在嘰嘰

王老先生有塊地
咿呀咿呀唷

〔第30首〕

"蝴蝶"

蝴蝶蝴蝶/生得真美麗...

"蝴蝶"

蝴ㄏㄨˊ 蝶ㄉㄧㄝˊ 蝴ㄏㄨˊ 蝶ㄉㄧㄝˊ

生ㄕㄥ 得ㄉㄜˊ 眞ㄓㄣ 美ㄇㄟˇ 麗ㄌㄧˋ

頭ㄊㄡˊ 戴ㄉㄞˋ 著ㄓㄜ 金ㄐㄧㄣ 絲ㄙ

身ㄕㄣ 穿ㄔㄨㄢ 花ㄏㄨㄚ 花ㄏㄨㄚ 衣ㄧ

你ㄋㄧˇ 愛ㄞˋ 花ㄏㄨㄚ 兒ㄦˊ

花ㄏㄨㄚ 兒ㄦˊ 也ㄧㄝˇ 愛ㄞˋ 你ㄋㄧˇ

你ㄋㄧˇ 會ㄏㄨㄟˋ 跳ㄊㄧㄠˋ 舞ㄨˇ

它ㄊㄚ 有ㄧㄡˇ 甜ㄊㄧㄢˊ 蜜ㄇㄧˋ

〔第31首〕

"十個"
印地安人

有一個有二個...

"十個印地安人"

有一個　有二個

有三個印地安

有四個　有五個

有六個印地安

有七個　有八個

有九個印地安

有十個印地安小孩

〔第32首〕
"哈巴狗"
一隻哈巴狗...

"哈巴狗"

一一隻ㄓ 哈ㄏㄚ 巴ㄅㄚ 狗ㄍㄡ

坐ㄗㄨㄛ 在ㄗㄞ 大ㄉㄚ 門ㄇㄣ 口ㄎㄡ

眼ㄧㄢ 睛ㄐㄧㄥ 黑ㄏㄟ 黝ㄧㄡ 黝ㄧㄡ

想ㄒㄧㄤ 吃ㄔ 肉ㄖㄡ 骨ㄍㄨ 頭ㄊㄡ

"說哈囉"

你很高興

你就說哈囉哈囉

你很高興

你就說哈囉哈囉

大家一起唱呀

大家一起跳呀

圍個圓圈

盡情歡笑說哈囉

〔第34首〕

"數蛤蟆"

一隻青蛙一張嘴…

"數蛤蟆"

一隻青蛙一張嘴

二個眼睛四條腿

乒乒乓乓跳下水呀

蛤蟆不吃水 太平年

蛤蟆不吃水 太平年

荷兒梅子兮 水上飄

荷兒梅子兮 水上飄

〔第35首〕
"小姑娘"

小小姑娘...

"小姑娘"

小小姑娘

清早起床

提著菜籃上市場

穿過大街

越過小巷

哼著歌聲多歡暢

〔 第36首 〕

"醜小鴨"

呱呱呱呱呱...

"醜小鴨"

呱 呱 呱 呱 呱

醜小鴨　醜小鴨

腿兒短短腳掌大

長長脖子扁嘴巴

走起路來搖搖搖

愛到河邊去玩耍

喉嚨雖小聲音大

可是只會呱呱呱

〔第37首〕

"春神來了"

春神來了怎知道...

"春神來了"

春（ㄔㄨㄣ）神（ㄕㄣ）來（ㄌㄞ）了（ㄌㄜ）怎（ㄗㄜ）知（ㄓ）道（ㄉㄠ）

梅（ㄇㄟ）花（ㄏㄨㄚ）黃（ㄏㄨㄤ）鶯（ㄥ）報（ㄅㄠ）到（ㄉㄠ）

梅（ㄇㄟ）花（ㄏㄨㄚ）開（ㄎㄞ）頭（ㄊㄡ）先（ㄒㄧㄢ）含（ㄏㄢ）笑（ㄒㄧㄠ）

黃（ㄏㄨㄤ）鶯（ㄥ）接（ㄐㄧㄝ）著（ㄓㄜ）唱（ㄔㄤ）新（ㄒㄧㄣ）調（ㄉㄧㄠ）

歡（ㄏㄨㄢ）迎（ㄥ）春（ㄔㄨㄣ）神（ㄕㄣ）試（ㄕ）身（ㄕㄣ）手（ㄕㄡ）

快（ㄎㄨㄞ）把（ㄅㄚ）世（ㄕ）界（ㄐㄧㄝ）改（ㄍㄞ）造（ㄗㄠ）

♫
79

〔第38首〕
"找朋友"
找找找找...

"找朋友"

找找找找

找到一個朋友呀

行個禮啊　握握手呀

笑嘻嘻呀

轉個圓圈

轉個圓圈　再見

轉個圓圈

轉個圓圈　再見

81

〔第39首〕
"鴿子"
咕咕咕鴿子咕咕…

"鴿子"

咕ㄍㄨ 咕ㄍㄨ 咕ㄍㄨ

鴿ㄍㄜ 子ㄗ 咕ㄍㄨ 咕ㄍㄨ

你ㄋㄧ 要ㄧㄠ 吃ㄔ 穀ㄍㄨ

我ㄨㄛ 來ㄌㄞ 拿ㄋㄚ 給ㄍㄟ 你ㄋㄧ

好ㄏㄠ 好ㄏㄠ 吃ㄔ 呀ㄧㄚ

快ㄎㄨㄞ 飛ㄈㄟ 下ㄒㄧㄚ 來ㄌㄞ

大ㄉㄚ 家ㄐㄧㄚ 吃ㄔ 個ㄍㄜ 飽ㄅㄠ

"歡樂年華"

我們都是好朋友

讓我們來牽著手

美好時光莫錯過

留住歡笑在心頭

歡樂年華

一刻不停留

時光匆匆

唉呀呀呀呀要把握

- 社長 / 許丁龍

- 編輯 / 吳俊毅、吳鳳珠、常祈天

- 設計 / 邱月貞、林黛妏

- 印務 / 林華國 - 網站設計 / 林紀妏

- 出版 / 風車圖書出版有限公司

- 代理 / 三暉圖書發行有限公司

- 地址 / 114台北市內湖區瑞光路258巷2號5樓

- 電話 / 02-8751-3866

- 傳真 / 02-8751-3858

- 網址 / www.windmill.com.tw

- 劃撥 / 14957898

- 戶名 / 三暉圖書發行有限公司

- 出版 / 2005年1月初版